Else Lasker-Schüler
Arthur Aronymus
Die Geschichte meines Vaters

Suhrkamp Verlag

Erschienen 1932 im Rowohlt Verlag Berlin
Die Ausgabe folgt dem Text der *Gesammelten Werke* (Zweiter Band)

Frontispiz: Umschlagzeichnung (1923) von Else Lasker-Schüler

Erste Auflage 1989
Suhrkamp Verlag Frankfurt am Main
Mit freundlicher Genehmigung des Kösel-Verlags München

Satz: MZ-Verlagsdruckerei GmbH, Memmingen
Druck: Nomos Verlagsgesellschaft, Baden-Baden
Printed in Germany

Meiner teuren Mama Jeannetta
und meinem geliebten Sohn Paul

Wenn hinter den Fenstern der Häuser Westfalens die Weihnachtsbäume angezündet wurden, erzählte der Vater meines Vaters, also mein Großvater, seinen dreiundzwanzig Kindern die himmelschreiende Tragödie aus seiner Jugendzeit, die sich am Heiligen Abend der Christenheit abspielte mit allen Schrecknissen beizender Gewürze. Die älteren Kinder meines Großvaters bestätigten düster im Singsang und Gebärden, ein Chor der Rache, die Übeltaten an ihrem auserwählten Volk. Nur mein kleiner Papa scharrte bisweilen ungeduldig mit den Nägeln seiner derben Jungensstiefel über den Fußboden oder an den Nußbaumbeinen des großen Tisches, daß seinen dreiundzwanzig Geschwistern, zu gleicher Zeit, das Herz vor Schreck aussetzte, sein dreiundzwanzigstes aber hüpfte vor Vergnügen dem auflauschenden Vater fast ins Gesicht. Der hatte Angst vor Mäusen, wenn er es auch nicht zugab. Den armen Kroatenjungens kaufte er die teuerste Mausefalle ab, sie hinten und vorne auf den

Verschluß prüfend. Heute jedoch beherrschte er seine Antipathie gegen »diese aufdringlichen Nagetiere«. Am schwersten verdroß Arthur Aronymus, den kleinen Enfant terrible, die weit über den Inhalt sich ausdehnende Schauergeschichte des sich Zeit lassenden, erzählenden Vaters. Die beiden Freunde hörte er schon lange pfeifen vor dem Zaun des Gartens.

Wie heute brannten die Tannenbäume hinter den Scheiben der geistlichen Hauptstadt Westfalens, als sich das blutige Pogrom abspielte. Unschuldig vergossenes Judenblut klagte über die Grenzen des Heimatlandes, dunkel über den Rhein und pochte an die Judenherzen anderer Reiche; im unheimlichen Echo an die Erdteile der Welt. An den geschmückten Zweigen der hohen Tannenbäume im Rathaussaale, in der Aula der Schulen, hatte man kleine Judenkinder wie Konfekt aufgehängt. Zarte Händchen und blutbespritzte Füßchen lagen, verfallenes und totes Laub, auf den Gassen des Ghettos umher, wo man den damaligen Juden gestattete, sich niederzulassen. Entblößte Körper, sie eindringlicher mißhandeln zu können, bluteten zerrissen auf Splittern der Fenstergläser gespießt, unbeachtet unter kaltem Himmel. Die innere Stadt zu betreten ohne Erlaubnisschein, war dem größten Teil der jüdischen Gemeinde streng untersagt. Einigen Familien, unter anderen die meiner Großväter, gestattete die Behörde, sich frei zwischen den andersgläubigen Einwohnern zu bewegen. Mein kleiner Papa klatschte in die Hände, die blutige Historie begann ihn, schon im vorigen Jahr an dieser Stelle angelangt, zu interessieren. Er hatte ja den Großpapa Rabbuni, den Vater seiner lieben Mutter so lieb gehabt, auch er war sein Lieblingsenkel gewesen. Wie oft schlich der Hohepriester heimlich nach dem Mittagsbrot mit seinem drolligen Enkelkinde in den Zuckerladen gegenüber seines Hauses. Ja, er blinzelte ihm des öfteren während des schlichten Mahles verständnisvoll zu, der große, ehrfürchtige Jude, von der ganzen Stadt geehrt, von Jude und Christ; Freund des Bischofs Lavater von Westfalen. Jeden Abend, nachdem die beiden Fürsten ihr einfaches Abendbrot eingenommen hatten, trafen sie sich in einem kleinen Gastzimmer im Goldenen Halbmond. Der nahm nicht zu und nahm nicht ab, genau wie das freundschaftliche Bündnis, das die beiden Hohenpriester unverändert vereinigte. Sie salbten die Stunden vor dem Schlafengehen mit gottgefälligem Öl, suchten himmlisches Gold in heiligen Gesprächen; zwei verbündete Gottgräber. Denn im Grunde glaubten sie beide an den alleinigen, unsichtbaren Herrn, den Ewigen, den König der Welt. Und wenn auch gehässige Nachbarn versuchten, meinen weißgewordenen Urgroßvater, meines kleinen Papas Großvater, ihm, nach dem längst in Gott ruhenden Bischof zu beweisen, der bischöfliche unantastbare Freund sei weiland in den höllischen Plan des Judengemetzels eingeweiht gewesen, ohne es verhindern zu können usw. – pflegte mein empörter kleiner Vater, außer sich geraten, durch das Verleuchten im Auge des Rabbunis, die bösen Leute mit seinen kleinen aber starken Fäusten zu bearbeiten. All die alten Kinderbilder vom Großpapa-Rabbuni waren »er« ja selbst, auch seine Mutter behauptete, sie seien zum Verwechseln ähnlich.

Die Natur hatte ihn nach des Großpapas Antlitz verschnitten und er war sehr stolz darauf. Sechs Jahre zählte mein kleiner Papa und trampelte ins siebente mitten hinein. Ihn nahm seine liebe Mutter am liebsten mit zu Besuch zum lieben Großvater; dem sein Bart berührte fast schon den kleinen Teppich aus Persien, den er sich in jungen Jahren auf einer religiösen Forschungsreise durch die morgenländischen Bibliotheken mitgebracht hatte. Des kostbaren Teppichs Fransen wurden täglich gepflegt. Wie lauter Finger vieler frommer Hände hob ein Abendwehen bisweilen sie manchmal empor. Um den ehrerbietigen Kopf trug der heilige Großvater einen Turban; am Alltag einen schwarzen, einen weißseidenen am Sabbat. Und es schmeichelte ihn doch etwas, wenn Pilger kamen aus exotischen Ländern und ihn verglichen mit dem Äußern des mächtigen Sultans vom Bosporus. Hingegen verhinderte er liebevoll, wenn sie sich niederbeugten, sein Gewand zu küssen. Die Väter meiner Urgroßeltern meines noch kleinen Vaters Eltern-Eltern wohnten Haus an Haus in der katholischen Hauptstadt

Westfalens. Ihre Kinder wurden schon in ihren Kinderjahren feierlich verlobt, um nach der Zeremonie des Gelöbnisses weiter ihre Spiele zu pflegen. Sie kletterten mit den Nachbarskindern auf Äpfel- und Birnbäume. Wenn sie sich dann später verehelichten – die Großmutter erzählte, ihr wars wenigstens so gewesen, als ob sie ihren Bruder heirate. Eigentlich mochte sie den Edmund, den älteren Bruder ihres Verlobten, viel besser leiden. Ein wildgewordener Stier, sprang ihr am Morgen ihrer Hochzeit schnaubend über die Tierhecken Gäseckes. Moritz, der glückliche Bräutigam, hatte sich dort ein Grundstück gekauft, das er mit Hilfe tüchtiger Bauern beackerte. Meine Großmutter, meines Vaters Mama, sollte Gutsbesitzerin werden! Aber Edmund hatte blondgeringeltes Lockenhaar und schwärmerische gelbe Augen; die schwarzäugigen Töchter der Judenfamilie hatten sich alle in ihn schon verguckt. Der Moritz hingegen, mein Großvater, war ein ganzer Mann, fast zu hart im Ausdruck, ja seine kühlen Blicke trafen oft den Nächsten wie dunkle Dolche. Er duldete keinen Widerspruch und das war die einzige Untugend, die mein Urgroßvater, der milde Vater meiner Großmutter, gegen ihn einzuwenden hatte: Denn Gedanken und Worte weiten sich, im Horizont des freien Gaukelspiels, und verkümmern ohne übenden Widerspruch. Aber der verlobte junge Mann ging über die Weisheiten seines priesterlichen Schwiegervaters verständnislos hinweg. Wie die Mehrzahl seiner Söhne, Arthur Aronymus' Geschwister. Von des Rabbunis göttlichspielender Weisheit hatte keiner von ihnen geerbt; aber seines kleinen Arthurs ungezügeltes, urwüchsiges Temperament verglich sein Großvater mit der lachenden Beere an seinem Stamm. Hingegen betrachtete ihn der Vater mit den aus der Art geschlagenen schwarzen Schafen, die dem großen Schäferhund schon hin und wieder Nöte bereiteten.

Diesmal ließ der Vater es dabei bewenden, seines unverbesserlichen kleinen Aronymus' Lebhaftigkeit nur mit einer Rüge eines ernsten Blickes zu beantworten. Denn auch seine Geschwister strebten dem Ende der düsteren Ballade zu, allerdings mit geheuchelter Geduld

»und Spucke«, dachte Arthur für sich, »fängt man eine Mucke«. Die sprühende Dora, seine ältere Schwester, hatte sich mit ihm schon lange verständigt in ihrer Zeichensprache, die nur sie beide zu enträtseln vermochten. Die häkelnde Regina aber saß aufgerichtet, pflichterfüllt, genau wie sie sich hingesetzt hatte, an dem großen Tisch und bestätigte jedesmal von neuem mit einem Kopfnicken, was der Vater erzählte. Elischen blätterte vom Beginn der Tragödie an in Goethes Hermann und Dorothea, begleitet vom Rhythmus der Dorfkirchenglocke. Auf den Schoß der ältesten Tochter, der schönen Fanny, setzte sich Lenchen, Arthurs Lieblingsschwesterlein. Müde legte es schon sein Köpfchen zur Seite und nur die Zwillinge, die beide »Meta« gerufen wurden, da man sie doch nicht auseinanderhalten konnte, hatten sich längst zu ihrer Mutter geflüchtet, rechts eine Meta, links eine Meta. Neben dem Großvater saß der liebe, leidende Alex im Krankenstuhl; und der kurzsichtige Max, Vaters Augapfel, placierte sich schon selbst stets neben dem Papa; um den Hals trug er ein Kinderlorgnon, aber verlor es immer wieder auf dem Spielplatz im Garten beim Zeichnen der Tiere im Sand. Menachem hieß der Älteste! Nach ihm kam Simeon; »Geizkragen!« schimpften ihn seine Geschwister, selbst dem Vater schien er zu materiell. Doch auch das allabendliche Dozieren seines pathetischen Julius ging ihm contre cœur.

Die Geschwister belustigten sich, wenn er den Mund groß und weit, wie sich die Kinder das Maulwerk eines Großmoguls vorzustellen pflegten, aufsperrte. Eine gebratene Gans hätte ohne Mühe hineinfliegen können. Aber der Berthold glich seinem Onkel Edmund, er hatte wie der, goldenes Lockenhaar und große helle Augen und die christlichen Mitschüler verschonten ihn. Fannys Tanzstundenfreund trat plötzlich in die Stube. Wenn auch nicht einem Pogrom, so war er doch Opfer einer Privatjudenhetze vor ein paar Jahren geworden. Er blickte seitdem aus seinem schwarzen wirklichen und aus einem künstlichen, hellblauen Glasauge; die dunklen waren alle in der Apotheke ausverkauft gewesen. Seitdem wurde er im Halbenface in Lokalen beim Glase Bier so oft für einen Christen gehalten, obgleich seine Nase, trotz beträchtlicher Länge, keinen Schaden erlitten hatte. Fanny schob ihn an Dora ab, der mitleidigen Schwester. Alle ihre Nippessachen, mit denen ein Mann eigentlich nichts anzufangen weiß, hatte sie ihm fast schon geschenkt. Sie tanzte auf Padersteins Hausball beinahe zu viel mit ihm. Er wurde Mode. Elischen fand zwar, er sei viel zu wissenschaftlich für Dora und für die unkomplizierten, lachlustigen Mädchen in Gäsecke. Einmal lockte sie ihn durch intensives Räuspern ans Ende ihres Gartens in die Jasminlaube, wo sie ihn durch gelehrte Taktik in der Dämmerung für sich einfing. Hingegen Regine hatte wenig Glück bei Männern. Außerdem waren ihre Hände rot. Der hübsche Provisor verordnete ihr eine Kleie und sie tauchte in die schleimige, bleichende Masse jeden Abend vorm Schlafengehen ihre wirtschaftlich begabten Finger. Eigentlich war »sie« die Frau im Haus! Überall machte sie sich was zu tun. Manchmal konnte sie ihre Schürze nicht finden; bebend und räsonnierend eilte sie in den Gutsgarten, daß die bunten und weißen

Pfauen aufflatterten. Am Zwetschgenbaum hing diesesmal die Schürze wieder.

Wie ein Gespenst pflegte sie doch bisweilen über die Kieswege zu schleichen. Wehe, wenn sie dann den Bengel packte!! Die Regina sammelte den Honig in kleinen irdenen Töpfen und der Imker wußte wohl »jede der Bienen hat sie gezählt, gezeichnet wo am Leib«. Und er fürchtete sich weit mehr vor dem Stachel der Tüchtigkeit Reginens, der Tochter seines Brotherrn, als vor der süßsummenden Regina. Dem kleinen Lenchen, dem Lieblingsschwesterchen Arthurs, waren alle im Haus und im Garten und die Menschen im ganzen Dorf vom Herzen gut; niemand tat ihm was zu Leide. Es saß ja auch eigentlich noch mit den kleinsten Geschwistern im Nest. Nur der Bruder holte es öfters hervor und dann marschierten sie Hand in Hand an bunten Strohblumenbeeten der Gärten niedlicher, westfälischer Häuschen vorbei ins benachbarte Dorf; brachten Grüße von der lieben Mutter. »Na, was macht denn eure liebe Mutter?« fragte sie die Sanitätsrätin Grünebaum. »Kaffee, wenn Gäste kommen!« erwiderte mein kleiner Papa. Ganz Westfalen wußte binnen »vorgestern« von dieser schlagfertigen Antwort des kecken Jungen und selbst der Großvater konnte sich eines Schmunzelns nicht erwehren, wenn er auch den vorlauten Mund seines Sohnes Arthur Aronymus tadelte.

Vor dem jungen Pfarrer des Dorfes und all seinen Lehrern zusammen, fürchtete der sich nicht allzusehr wie vor seinem gestrengen Herrn Vater. Er konnte ja eigentlich nicht dafür, daß er so »dumm« war, untenan in der Klasse saß, trotzdem er im Turnen und Singen immer recht gut bekam. »Er muß doch nicht alles können«, nahm ihn seine liebreiche Mutter in Schutz, denn er war wieder sitzengeblieben. Und sie reiste mit ihrem »armen« Jungen schnurstracks ab in ihr Elternhaus nach Paderborn. Der Großvater-Rabbuni lag zwar schon ein Jahr im Gewölbe, aber eben darum bot sich ihr der triftige Grund, in ihre Heimat zu fahren, den Willen ihres frommen Vaters laut Testament: Ein Jahr nach seinem Tode, seine mächtigen in Schweinsleder gebundenen Werke der Stadtbibliothek einzuverleiben. Das

leuchtete auch Arthurs respektierenden Vater schließlich ein. Die Mutter erinnerte sich nur noch schattenhaft an den Heiligen Abend und an das Pogrom, von dem ihres Gatten Erzählung handelte. Durch alle Zeitungen eilte die blutige Kunde in die Welt. Einzelne Christen gaben den Hebräern den gutgesinnten Rat, weniger industrielle Berufe zu ergreifen, ohne des Paragraphen zu gedenken, der den Juden den Zugang zu christlichen Lehranstalten verbot. Und Priester hungerten genug im jüdischen Volke. Aus Spanien hatte man sie fast alle schon mit ihren Gemeinden vertrieben oder sie gezwungen, zum christlichen Glauben überzutreten. Der Großvater-Rabbuni betete so oft im Tempel für die Maranen, Juden, die man in fremde Krüge gegossen hatte, des Henkels entledigt und deren man sich darum nicht mehr so leicht wieder bemächtigen konnte. Daß tausendjährige Sehnsucht doch einmal den Stein sprengen werde – und wenn auch nach Jahrhunderten, prophezeite Arthur Aronymus' ehrwürdiger Großvater-Rabbuni.
Weinende spanische Juden kamen so oft zu sei-

nem Großpapa und suchten Trost bei ihm. In den engen Gassen des Ghettos bildeten sie Gruppen mit der ansässigen Judenbevölkerung, sich in wirtschaftlichen, vor allem in religiösen Fragen zu einigen. Stoff war ja in Überfluß vorhanden, leider mit Blut gefärbter Stoff; ihn zu prüfen, zu beschneiden, endlich die erlösende Form zu enträtseln, aller Bedrängten Wunsch. Manche unter ihnen trugen Flor um den Arm, besonders Ergriffene wankten in ärmliches Sackleinen gehüllt durch die Winkel des Judenviertels in den vertrauten Synagogentempel. Ihre Augen waren ausgebrannt, grau verweint, Asche. Ins Gedächtnis stiegen diese Erinnerungen Arthurs lieber Mutter und sie weinte bitterlich, ihren kleinen Schelm an der Hand führend, vom Bahnhof bis vor das Haus des verstorbenen Großvaters. Dort brannte noch das kleine Lichtchen in der roten Glasampel – ein ganzes Jahr schon für seine Seele. Und Arthurs Mutter, auf den getreuen Knecht ihres Vaters weisend, erklärte ihrem Kinde, der passe auf, daß Großvaters Seele nicht erlösche.
Am andern Morgen schien die Sonne ganz dick.

Meine Großmutter mit meinem kleinen Papa machten sich auf den Weg zum Friedhof. Die Mama könnte doch mal aufhören zu weinen, dachte Aronymus und machte ohne jede eigentliche Veranlassung ein paar Sprünge, trotzdem er seiner Mutter versprochen hatte, im Heiligen Garten recht brav zu sein, leise zu sprechen und vor allem, ruhig an ihrer Seite zu schreiten. Auf einmal rief ein Kuckuck. Arthur Aronymus zählte ganz leise: Kuckuck! Kukkuck! Kuckuck! Kuckuck! Kuckuck! Kukkuck! Kuckuck! »Siebenmal!!« Und dann betonte er auf westfälisch Plattdütsch im Ton der Bauern: »Genau so alt wie eck bin, wurd' der Groatvatter. Een schönet Alter, wat Modder?« Sie konnte nicht schelten, auch sah sie den teuren Rabbuni sich im Grabe freuen, seine heilige Seele vom blauen Himmel lächeln, über ihren kleinen Arthur Aronymus, seinem verhätschelten Enkelkinde. Endlich wurde es dem klar, warum ihm die Mutter kleine Steinchen in die Tasche gesteckt hatte und sich von derselben Sorte etwas größere, denn sie hob ihn in die Höhe und er mußte sie auf den oberen Rand des

breiten Denksteins kunstgerecht wie ein Maurer bis in den Himmel nebeneinanderlegen. Das war sein erster ernster Bau. Zwei betende Hände bemerkte er zwischen den ✡ Quadern des frommen Steines eingraviert. Nach der Inschrift wollte Arthur Aronymus, aus Angst, seine liebreiche Mutter beginne wieder zu heulen, lieber nicht erst fragen. – Fast niemand an dem großen Eichentisch bemerkte die tiefe Bewegtheit schweben um die Schläfen meiner Großmama, außer der mitleidigen Dora mit ihren runden braunen Augen. Auf einmal fiel der Arthur Aronymus seiner Mutter um den Hals, gab ihr einen schallenden Kuß auf den Mund, ein donnerndes Amen; ein unerwarteter glücklicher Ausgang des Dramas, der selbst seinen Vater überraschte, und er ließ es damit bewenden, wie schon gesagt, eine seiner diktatorischen Brauen im Bogen zu weiten.
Der Junge hatte ja eigentlich selbst noch keine bösen Erfahrungen mit den Christen bis heute gemacht, im Gegenteil, er konnte den fleißigen Ernst Paderstein in seiner Klasse nicht ausstehen, der saß unentwegt der Erste; die Flüsse in

der Geographie flossen alle aus seinem aufgesprungenen Mund. Der war schon so wulstig wie der seines Vaters unter dem Bart. Den Kaspar Setzdich und den Willi Himmel hatte er viel lieber, trotzdem sie ihn einmal Jud! Jud! Jud! hepp! hepp! ausschimpften, weil sie bei ihm ein Korinthenbrötchen im Ranzen gefunden hatten und er ihnen nichts mitgeben wollte. Desto tüchtiger verhauen hat er sie! Und probierte seitdem öfters mit den gleichen Schimpfworten die Kräfte seiner Schulkameraden und der Gassenkinder herauszufordern. Die Leute Gäsekkes munkelten, der Arthur Aronymus Schüler sei ein Christenkind, möglicherweise ein von der Amme verwechseltes Milchkind. Die Kaffeeschwestern beschnatterten die Neuigkeit im Kaffeekränzchen mitsammen, am Stammtisch die Väter die interessante Anekdote. Daß man das nicht schon längst dem gesunden, ausgelassenen Jungen hatte angesehen! Viele streichelten ihn darum mitleidig im Vorbeigehen und fanden es köstlich, wenn er ihnen die Zunge dafür rausstreckte. Der Kolonialwarenhändler schenkte ihm aus dem großen Glas dicke Malzbonbons, die er so gerne aß. Eines Tages redete ihn auf dem Schulweg der muntere Pfarrer an, für den seine Schwestern, alle durch die Bank, schwärmten. Er schien sich zu amüsieren über Aronymus' frische Antwort. Seine schlanke, gepflegte Hand legte er auf des Buben frischgezogenen Scheitel. Fräulein Paderstein kam gerade vorbei, die hagere Seniorin der Familie Paderstein, die unverehelichte älteste Schwester des Großmanufakturwarenbesitzers en gros: Alfred Paderstein, und hinterbrachte auf ihrer spitzzüngigen Weise Herrn Schüler die kuriose Auszeichnung seines Sohnes Arthur. Der alte Vater Schüler war ja eigentlich ihr versprochen gewesen, ihr vom Himmel ausersehener Ehegemahl. So boshaft die Kunde der verschrumpften Jungfer dem Gutsbesitzer auch überbracht wurde, schmeichelte und beschäftigte sie ihn den ganzen Tag. Und er begann sein von ihm bis dahin vernachlässigtes Söhnchen fürder in der Landwirtschaft zu unterrichten. Arthur war's ja ganz schnuppe, ob der große Baum, an dem die Eicheln wuchsen, aus denen er und Lenchen Waagen zum Verkaufen fabrizierten,

Eiche oder Tanne heiße, oder der starke Baumstamm da gegenüber, an dem im Herbst die grünen Igel hingen, mit denen er und sein Schwesterchen Menagerie spielten, Kastanie oder Linde heiße, wenn er nur an beiden heraufklettern konnte. Und wenn sich eben nur eine kleine Schleuse öffnete, der Vater in der Lektion unterbrochen wurde, rannte sein Arthur Aronymus davon. Weit mehr interessierte es ihn ja, Städte zu bauen mit den Klötzen seines neuen großen Baukastens, namentlich Aussichtstürme, wie einer bei Ervitte stand. Lenchen sollte bei ihm oben in den Wolken wohnen!! »Wir werden dann regnen«, versprach er dem Schwesterlein. Und er übte sich mit den Klötzen seines neuen Baukastens, den Fanny ihm zur Belohnung gekauft hatte, für die Wache, die er vor ihrem Fenster gehalten hatte, während der Verehrer aus Münster ihr die Cour schnitt. Oft besuchten Freier die stattliche Fanny; schon auf dem kleinen Dorfbahnhof fielen sie, ihrer Lackschuhe wegen und großstädtischen, karierten Beinkleider und neumodischen Krawatte, dem Inspektor auf. Eine

Kamille trug Herr Emil im Knopfloch. Aber der Schwester Gesicht sah ganz sauerrot aus wie die letzte saure Kirsche am Sauerkirschenbaum. Arthur war nämlich zugegen, wie sich beide verabschiedeten. Er stotterte ja und sein Unterkiefer klappte auf und zu. Dora kam hinzu und erbarmte sich seiner, denn sie brachte ihm ein Glas Tokayer. Es war zum Totlachen, wie er aus der Haustür schwankte in Elischens Arme. Und sie stellte auch bei diesem Manne fest, er sei zu wissenschaftlich für ihre äußerliche Schwester Fanny. Arthur und der Kaspar und der Willi hörten all den gelehrten Unsinn, den der Liebhaber auskramte, die belesene Schwester nicht zu enttäuschen. Am Abend beim Griesbrei nahm sich Arthur Aronymus vor, später seine Schwester Lenchen zu heiraten, damit sie nicht an einen gelehrten Mann gerate; und er schenkte ihr zu ihrem Geburtstag von seinen gesparten Pfennigen eine Porzellanpuppe und bedauerte, daß sie nackt zur Welt gekommen sei. Eine ganze Reihe davon stand im kleinen Schaufenster frierend zwischen Strohkörbchen mit Aniskügelchen beim

Krämer zum Kauf ausgestellt. Am Heiligen Abend vor Weihnachten kam eine Frau in weiter, nagelneuer Schürze in das Haus meiner Großeltern. Die überbrachte einen Brief des Herrn Pfarrers, der eine Bitte enthielt. Mein kleiner, strahlender Papa sollte zur Bescherung ins Pfarrhaus kommen. Jedes Wort des freundlichen Schreibens wurde mit der Familie Paderstein geprüft und erwogen. Man kam zum Ergebnis, des jungen liebenswürdigen Pfarrers Einladung zu akzeptieren, ihn nicht mit einer Absage zu beleidigen, der katholischen Welt keinen Anlaß zu einem Ärgernis zu geben und etwa ein Pogrom heraufzubeschwören. Mit dem Lehm an seinen derben Stiefeln wäre der Arthur Aronymus einfach am Weihnachtsabend ins Pfarrhaus gerannt, sich ausmalend die Geschenke, die seiner erwarteten. Am Zipfel seines Kittels ergriff ihn noch rechtzeitig seine erschrockene Mama im Flur des großen Gutshauses, säuberte ihn selbst, zog ihm die braunen gestreiften Samthöschen an und steckte zur Vorsicht *zwei* große Taschentücher in seine Taschen – und einen blendend weißen

Kragen legte sie um sein ungeduldiges Hälschen, vereinte die Enden mit einer rosa Rosette, die sich eine der Schwestern von einem Hausierer gekauft hatte. »Ich bin doch ein Junge, Mutter!!« Auch mußte er sich die Zähne schon zum »zweiten Male!« heute putzen und er gurgelte danach wütend mit dem mit Pfefferminzpasta durchgetränkten Wasser, daß das stille Lenchen vor Vergnügen einen Purzelbaum auf dem großen Teppich schlug. Nur ihr werde er mitgeben von den Zuckersachen, die er beschert bekomme. Er konnte ja überhaupt, fiel ihm ein, nicht begreifen, daß darum, weil sie Juden waren, nicht Weihnachten in ihrem Hause gefeiert wurde. Das ging so schnell wie in der Rutschbahn, als sich Arthur mit dem Sonntagsanzug auf dem Treppengeländer herabgleiten ließ.
Punkt fünf Uhr stand er vor dem gelben Pfarrhaus. Der Herr Pfarrer guckte aus dem Fenster und der Arthur brauchte gar nicht erst die Schelle ziehen. Als er an seiner Hand die glitzernde Stube betrat, knieten seine beiden kleinen Nichten in der Nische vor Herrn Jesus am

Kreuze. Blumen standen neben ihm auf einem Eckbrett und davor brannte eine große Kerze. Die letzten Worte vom Vaterunser hatte Arthur Aronymus noch vernommen; ihm war unheimlich – aber er brauchte ja nicht weiter hingucken. Der fröhliche Geistliche bewunderte seine gute Kinderstube, wie geziemend der wilde Junge, in angemessener Entfernung, in der Pfarrstube den leuchtenden Tannenbaum betrachtete. – Sie tranken Schokolade aus ganz großen Tassen mit Zuckerzwiebäcken. Aus der größten Tasse trank der liebe Pfarrer Bernard. Auf der war was geschrieben. Neben ihm saß Narzissa. Sie trug ein blaues Band im Haar und hatte blaue Ohrringe in den Ohren. Und die Ursula rückte ganz nah an ihn, Aronymus, heran, um zu sehen, wer von ihnen beiden schneller ausgetrunken habe. Dann führte Bernard die Kinder an den mit Geschenken bedeckten Tisch. Darauf standen nebeneinander zwei Puppenstuben, ein Wohnzimmer und eine Küche und für »ihn« auf dem weißgescheuerten Fußboden ein Schaukelpferd!! Am liebsten wäre er dem Onkel Bernard, wie ihn seine kleinen Nichten nannten, direkt um den Hals gefallen. Aber die beiden Mädchen fingen an zu singen in Begleitung des Herrn Pfarrers: »Stille Nacht, heilige Nacht, alles schläft, einsam wacht ...« Er schämte sich auch nur mitzusummen, aber als das Lied beendet war, hatte er seine Schüchternheit überwunden und es bedurfte keiner Aufforderung. Er sang: »O Tannenbaum, o Tannenbaum! O, o, o Tannenbaum! Wie schön sind deine Blätter. Du grünst nicht nur zur Winterszeit, nein, auch im Sommer, wenn es schneit ...« Er sang das Lied viel besser als der Kaspar Setzdich und der Willy Himmel; wo die standen, quietschten sie den Leuten Weihnachtsstrophen in die Ohren. Und er durfte mit den kleinen Nichten vergoldete Äpfel und Nüsse und vom leckeren Spekulatius des Christbaums pflücken. Auf einmal bog die kleine Ursula einen Zweig zu sich herab, im Glauben, der Onkel sehe es nicht, um die prachtvolle rote Glasschaumkugel zu stibitzen, als sie schon einen Klaps weghatte und der Herr Pfarrer sie rügte: »Du willst doch nicht etwa ein kleines Judenmädchen werden? ...«

An diesem Teufel, der seinem keuschen Munde entschlüpfte, litt der Priester eigentlich sein ferneres Leben lang. Selbst seinem Heiland vermochte er keinerlei Rechenschaft zu geben, wer die giftige Muschel einer längst vererbten und verebbten Quelle an den Strand seiner Lippen gewissenlos zu schleudern sich erfrechte! Er hatte ja den Jungen, den kleinen Arthur Aronymus, vom Herzen lieb und er mußte sich eingestehen, er bevorzugte ihn selbst vor den ihm anvertrauten Schafen seiner Gemeinde, trotzdem er im Programm seiner theologischen Laufbahn bis vor kurzem noch jede Bevorzugung gewissenhaft vermied.

Wie tief er das jauchzende Herz des kleinen Knaben getroffen haben mußte, zeigte dessen ratloses, rundes Knabengesichtchen. Nach Hause zur Mutter wollte er partu! Schließlich schwang er sich entschlossen in den Sattel des hölzernen Rappen, spornte ihn an und ritt im Galopp, trotzig, ohne sich weiter umzudrehen, davon! Aus dem Weihnachtssilbergewölk des geschmückten Baumes holte der betroffene Priester den heiligen Wachsengel im Sternenkleid – »für Lenchen«, Arthurs Schwesterchen. Mit ihm trat Arthur in sein Elternhaus, wissend, warum Vater und Mutter nicht Weihnachten feiern und er und seine Geschwister von ihnen keine Präsente bekommen; und die Padersteins auch keinen Baum kauften auf dem Markt um die Kirche, wo noch Tannenzweige herumlagen und allerlei zertretener Baumschmuck. Die Gedanken hinter seiner Kinderstirn, die sonst unbekümmert herumtummelten, hatten auf einmal alle pechschwarze, feierliche Röcke an und konnten sich nur mühevoll weiterschleppen, ähnlich wie der arme Hausierer, der aus Galizien stammte, mit den Locken an den beiden Seiten unter dem flachen Hut. Ja, er war ihm auf einmal gut. Wie kam das? Bis jetzt pflegte er ihn doch immer auszulachen mit Kaspar und Willy. Und er heuchelte und log zum erstenmal im Leben, da er lachend seiner Mama um den Hals fiel und im Herzen bitterlich weinte. Nachts träumte er von der Stadt Paderborn, wo sein Großvater-Rabbuni gelebt hat. Dem vertraute er sich im Traume an. Sie gingen beide durch die alten Straßen der alten

Kaplanstadt, manchmal gebeugt, manchmal machten sie sich ganz dünn: schoben ähnlich wie seine beiden Hände zu tun pflegten beim Aufbauen der bemalten Klötze, durch die schmalen Häuserreihen der westfälischen Residenz. Fronten ohne innere Räume wuchsen überall aus der Erde, eine an die andere vorbei, und wenn der Großvater mit ihm durch eine der Haustüren wollte, fielen sie, plumps! in ein weites Loch. Außerdem die Giebelnasen, die ihnen Fratzen zuschnitten, und alle die spitzen Türmchen, die ihnen drohten auf die Köpfe zu fallen! Als er aufwachte, saßen seine Schwestern im Kreis um sein schlichtes Bettchen. Er mußte vom gestrigen Heiligen Abend beim »schönen« Pfarrer erzählen. Fanny wie Dora haben es nicht erwarten können, selbst Regine und das gelehrte Elischen auch nicht länger. Keine Streitigkeiten zwischen den Töchtern heraufzubeschwören, ließ ihre Mutter den Gärtner den großen Rosenstrauß in der artigen Papiermanschette, von der Familie Schüler, Herrn Pfarrer höflichst überbringen. – Kurz nach dem Feste verlobte sich Fanny, die älteste

Tochter der Eltern, Arthur Aronymus' große Schwester. Und ihre Freundinnen bewunderten ihren geschmackvollen Verlobungsring mit dem roten Granat in der Mitte. Regine erhielt von ihren Eltern einen Nerzkragen zur Entschädigung; Elischen einen Bücherschrank aus Rosenholz und Dora eine kleine perlenbestickte Pelerine. Das arme Dörken, es konnte nicht mehr ruhig auf seinem Stuhl sitzen, es hatte den Veitstanz. Der Doktor zwar tröstete die Eltern: das käme in »den« Jahren öfters vor, und verschrieb ihr Baldriantropfen, dreimal täglich 25 in einem halben Glas voll Wasser zu nehmen, und er verordnete dem Mädchen einen besänftigenden Tee aus Lindenblüten, Fenchel und Kamille. Sie war überhaupt so komisch geworden, die Dora, verglotzte die Augen und betete die halbe Nacht. Immer begann sie von neuem wieder zu flehen, im Glauben, sie habe irgend eines der Geschwister zu nennen vergessen. Auch litt sie an fixen Ideen, schnappte Arthur Aronymus einmal von den älteren Brüdern auf. Immer bückte sie sich ein-, zwei-, dreimal mit dem wackelnden Körper, bevor sie auf der Wiese im Garten ein Gänseblümchen oder eine Butterblume abpflückte. Elischen nahm Dora ins Gebet. Die beichtete ihr, daß, wenn sie sich nicht dreimal bücke, bevor sie eine Blume abbreche, würde »Alex« sterben. Elischen erklärte ihr genau wie ein Doktor der Medizin den wahnsinnigen Aberglauben ihrer wahnsinnigen Handlungen und trieb ihr zu guterletzt mit einer Ohrfeige den Teufel aus. In Paderborn war's an der Tagesordnung, Teufel auszutreiben. Hexen wurden verbrannt oder eingemauert. Und der Veitstanz war ein von Dämonen besessenes Geschöpf. Und mit Vorliebe plazierten sich die bösen Geister in jungfräuliche Judenleiber. Darum durfte sich Dora nicht mehr, selbst im eigenen Garten, sehen lassen; andauernd passierten ihn die Einwohner Gäseckes. Schon viel zu viele hatten sie beobachtet, wie sie hin und her tanzte. Ernstlich fragte man die Dienstboten aus bis zur Melkerin und Kuhhirten des Gutshauses, ob die Dora wirklich »Glas« esse und »Feuer« schlucke? Und sie fürchteten sich schließlich vor dem bösen Blick des armen gutherzigen

Mädchens. Zu spät kam es den erschrockenen Eltern zu Ohren, daß ihr Kind denunziert worden sei, und zwar von gehässigen Neidern, gerade von den Leuten Gäseckes, die sich das Fallobst vom Rasen im Gutsgarten im Herbste sammeln durften. Die Christen in Gäsecke freuten sich schon auf die weihnachtliche Sensation, »auf Dora auf dem Scheiterhaufen«. Ein Witzbold hatte behende ein Liedchen daraus ersonnen. Erst eine einzige Hexe hatten sie verbrennen sehen, nicht weit von ihrer Heimat. Und mancher der Dorfbewohner eilte ungeduldig in diesem Jahre schon lange der Weihnacht entgegen. Im Gutshause aber war man noch zu keinem annehmbaren Resultat gelangt, die Katastrophe, die ihrem Hause bevorstand, aufzuhalten; der Vater noch die Mutter, noch Padersteins, auch Verwandte, die man benachrichtigt hatte, versagten. Gemeinsam überlegten sie oft bis tief in den Nächten des verhangenen Wohngemachs, als zum erstenmal der junge Pfarrer sich ungerufen melden ließ, das weite Terrain meiner Großeltern betrat. Wie ein junger Konradin, selbstherrlich, blauäugig, schritt er gerüstet, doch mit »geistlichem« Stahl, die hohe Freitreppe des alten Gutshauses empor. Arthur hatte ihn über einer Steinzacke des Daches Arabeske aus, kommen sehen und lauschte durch das Schlüsselloch der noch abfärbenden, neu angestrichenen Doppeltür, die einen kleinen Nebenraum mit dem geselligen verband. Die olle Paderstein saß neben der Mutter auf dem Kanapee und räusperte sich ab und zu und ihr fetter Truthahn stolzierte vor dem Kamin auf und ab, blähte sich auf, als ob er auch mal gern ein Ei legen möchte. Der bunte Zipfel seines großen Schnupftuches hing wieder aus seiner Buchsentasche, im hohen Bogen über dem Podachs. Immer schielte er auf die großen Zigarren in der Kiste seines Herrn Vaters. Darin hatte Simeon ganz recht, daß die ihm »allzu« gut schmeckten. Endlich erkannte Arthur Aronymus zwischen den schluchzenden, gleichmäßigen Litaneien der sich beratenden Gesellschaft des lieben Pfarrers ermunternde Stimme. So feierlich kam die ihm heute vor, ähnlich so hell wie auf ihren gemeinschaftlichen Spaziergängen vor dem Dorfe. Ja, er läutete geradezu: »Bim, Bam, Bim, Bam, Bim Bam«, bevor er zu meinem Vater sagte: »Lassen Sie Ihren Sohn Arthur Aronymus im katholischen Glauben erziehen. Mit diesem demütigen Entgegenkommen in Jesu geheiligtem Namen brechen Sie ein für allemal«, betonte er, »jeder Gefahr, die Ihrer jungen Tochter Dora dräut, die Spitze ab.« Arthurs verängstigte, gequälte Mutter, beinahe schon einverstanden, fiel der Vater, sich feierlich erhebend, mitten ins Wort: »Herr Pfarrer«, begann er zu sprechen mit einer Hoheit in der Gebärde, wie sie höchstens noch dem fürstlichen Vater seiner Mutter, dem Rabbunivater, zu eigen war, »Herr Pfarrer, gestatten Sie mir, Ihnen in unser aller Namen für Ihren ebenso sinnigen wie gutgemeinten Vorschlag unseren Dank auszusprechen. Leider zwingen mich aber folgende Umstände, denselben mit respektvollstem Kompliment von der Hand weisen zu müssen. Ich wie mein Vater noch meines hochseligen Vaters hochseliger Vater und dessen Väter, Väter, Väter, noch die Väter Frau Henriettens, meiner Gattin, in Gott ruhenden Väter, pflegten auf direktem Weg zu

Gott zu gelangen, und ich sollte Seinem Sohne meinen noch unmündigen Sohn auf Umwegen zuführen lassen? Der Herr behüte uns vor allem Bösen. ה' ישמרנו לכל רע . . .«

Dann beobachtete Arthur Aronymus ganz genau, wie sich der Vater zu seiner Mutter neigte, sie auf die weiße Stirne küßte. Das war gewiß das Werk der Nächstenliebe, von dem so oft der Bernard sprach. Denn so was Liebes, einer zum anderen, hatte er noch nie bisher erlebt. Und die Padersteins heulten ja beide! Aber der Bernard war auf einmal gar nicht mehr in der Wohnstube? Instinktiv eilte Arthur auf seinen Siebenmeilenstiefeln davon, überholte den ergriffenen Freund auf dem Heimweg zum Pfarrhaus und drückte ihm unversehens sein kleines Metallpfeifchen, dessen schriller Ton die Einwohner Gäseckes aufschreckte, seinen Talisman am hellgrünen Bande, eine kostbare Reliquie, in die herabhängende schlanke Hand. Genau wie ihm Rahmen der Mönch im Weihnachtszimmer des Pfarrhauses, sah sein Bernard aus! Ihm war sicher wie jenem der Schutzengel der Kinder erschienen . . . Von ihm erzählte die Mutter so oft. Die fühlte sich, und wußte es selbst nicht aus welchem Grunde, von der furchtbaren Last, die wie ein Mühlstein auf ihrem Herzen lag, endlich befreit. Auch dem Vater erging es wie ihr und das bemerkten die beiden Padersteins wohl, denn sie umarmten meine geprüften Großeltern und nach ihnen ihren Sohn, den langen Hugo, der immer wie ein Bindfaden plötzlich durchs Schlüsselloch kam. Aber wie der Vater sich verändert hatte – er sah ja genau wie Jakob aus auf dem Bilde im Religionsbuch. Dabei hatte der ja nur zwölf Söhne gehabt und der Herr Vater fast zwei Dutzend Kinder in die Welt gesetzt; unter ihnen sogar Töchter wie »die schöne Fanny«. So rühmte der dicke Apotheker oft die älteste Schwester. Er, Arthur, fand ja nur sein Lenchen schön, aber heute abend erschienen ihm seine sämtlichen Schwestern hinter seinen müden Augenlidern, rosa Rosetten zwischen den Schultern seiner Brüder. – Und sein Vater erwählte einige aus der Schar seiner 23 Kinder zu Kundschaftern. Zunächst den vernünftigen ältesten Sohn, Menachem, und dessen junge Frau und den feinen Berthold und Ludwig und den wohlgenährten Albert und zwei von den jüngeren Brüdern. Und von den Töchtern, Fanny-Deborah, Regine-Naemi und das Elischen und außerdem noch Padersteins schlauen Hugo. Und sie machten sich auf den Weg, schritten behutsam durch die dunklen Dorfgassen Gäseckes und beschlichen das kleine, friedliche Pfarrhaus. Die liebe Petroleumlampe brannte auf Bernards Tisch und ein befriedigtes, friedvolles Lächeln spielte um seine Lippen. Der lange Hugo, der, auf den Zehen stehend, die ruhige Stube überblicken konnte, beobachtete, wie der Pfarrer seinen mächtigen Schreibebogen sorgsam faltete, ihn in ein Kuvert steckte und versiegelte. »Es war eine gewichtige Urkunde!« … beteuerte Hugo Paderstein immer wieder den aufhorchenden Geschwistern – doch – im Nu sprangen sie alle auf einmal über die Rosenhecke, sich zu verstecken hinter der Rückseite des kleinen gelben Gebäudes. Elischen ließ ihr halbes Beinkleid in den Dornen zurück. Denn der entschlossene Herr Pfarrer hatte seinen schwarzen Kragen umgelegt und war im Begriff, seine Pfarre zu verlassen; der Postillon tutete schon das zweitemal durch sein verstimmtes Horn ... Wenn auch Tage, die nicht enden, und Nächte, die nicht schlafen konnten, dem denkwürdigen Abend im Elternhause Arthur Aronymus' folgten, so waren dennoch seine Eltern überzeugt von seinem guten Resultat. Und doch wohl schon das hundertste Mal, da die liebe Mutter, beobachtete ihr Arthur kopfschüttelnd, aber heimlich, sehr tief seufzte, ähnlich wie die schneeweiße Kuh, der man ihr Kälbchen genommen hatte. Doch die ältesten Brüder erwogen so mancherlei: Julius' dicke Augen kugelten manchmal über die Seiten im Werke des Altmeisters. Er hatte eine Idee: der Vater tue gut, dem Kloster der Heiligen Veronika auf der Anhöhe vor Paderborn ein Geldpresent zu frommen Zwecken zu stiften. Nicht ohne – dachte der Vater. Man las seine Zustimmung im erwägenden Ausdruck seiner Mienen.

Doch Simeon erhob sich unwirsch, protestierte entschieden dagegen und beeinflußte das Urteil der anderen großen Geschwister. – Fannys

Hochzeit wurde verschoben. »Willst du etwa«, rügte der Vater sie, »Hochzeit feiern in einem Trauerhause, Mädchen?« Fanny wurmte sich und doch fühlte sie sich als schöne Märtyrerin. Regine strickte nachdenklich schon Wochen an ein und demselben Strumpf, ohne es zu bemerken, für sie hing der Schwester Scheiterhaufen noch sehr in der Schwebe. Vorigen Sonntag hatte sie sich Doras perlengestickte Pelerine seufzend um die Schulter gelegt, spät unter dem Vollmond Atem zu schöpfen. Elischen saß in der Zeit an Doras geblümtem Himmelbett. Die kranke Schwester fürchtete sich nämlich vor Gespenstern. Dann kam aus Lippstadt die große Kapazität – »ein Professor über 250 unheilbare Kranke«, erzählte Arthur Aronymus und sein geistlicher Freund schlug staunend die Hände zusammen und beteuerte wichtig: »Na, der wird sicher deine Schwester Dora kurieren!« Mit leuchtenden verheißendblickenden Kornblumen betrat der Pfarrer Bernard das weite Heim seines kleinen Spielgefährten und traf die Familie Schüler nebst Kindern und Freunden wieder in der Wohnstube versammelt. Den ältesten verheirateten Sohn riefen Pflichten daheim zurück und Simeons und Julius' Semester hatten begonnen in der Universität der Reichshauptstadt.

Fannys Bräutigam wollte auch nicht länger warten; in der kleinen Synagoge wurden sie getraut und fuhren dann den Rhein herunter bis Aachen. Dort beabsichtigten sie, das Schloß Kaiser Karls zu besichtigen. Die große Fanny hatte Angst gekriegt plötzlich vor der Hochzeitsreise und Max und Lenchen sollten mit, erzählte Aronymus, Süßholz kauend, dem Willy und dem Kaspar: »Eck mach' meck jo nömmes aus däm langweeligen Rhein, wenn's noch Regensburg am Regen wär, so een Städtken hätt eck meck gern ens angegickt.« – Anwesend waren also noch neunzehn leibliche Kinder und dazu ein Enkel: der neunjährige Oskar, der älteste Sohn Menachems, der Neffe des ein Jahr jüngeren Aronymus, außerdem der Lange Hugo, Padersteins hoffnungsvolles Riesenfrüchtchen, und der neue Volontär des Gutes: Herr Filligrand. Er pflegte immer seinen Namen französisch durch die Nase zu ziehen.

Und es erhoben sich der Herr Vater und die Frau Mutter mit den Kindern und Gästen zu gleicher Zeit, als der Pfarrer freudig erregt im Rahmen der Tür erschien. Arthur Aronymus' bebende Mama ließ den großen Löffel, mit dem sie im Begriff war, eine Anzahl Gläser mit Limonade zu füllen, wie einen silbernen Fisch in die gläserne Terrine plumpsen. Aber der Vater nahm die gewichtige Rolle mit beherrschter, verhaltener Freude aus den Händen des hohen Boten und Arthur Aronymus staunte, wie »der Vatter« sich auch in freudigen Augenblicken zu zügeln verstand. Aber dann schimmerten große Wassertropfen in seinen kühlen Augen und überzogen sie mit Sonne! »Frau Mutter, lesen Sie, lesen Sie.« Er nannte die Mutter immer: »Sie« bei feierlichen Anlässen. »Lesen Sie!« Aber der Mutter zitternde Hände vermochten die beglückende Kunde nicht ruhig zu halten und die neunzehn noch anwesenden Kinder, unter ihnen die vierjährigen Zwillinge: Meta, konnten doch auf einmal lesen -- standen um Vaters und Mutters Schoß und entzifferten klipp und klar, was der Bischof aus Paderborn,

»eigenhändig«, betonte Bernard, geruhte, der Christenheit zu verkünden. Jeder Satz begann mit einem ganz groß gemalten Buchstaben und endigte mit einem Punkt wie ein Kreis so rund.

Erst beim krächzenden Kikeriki erwachte mein kleiner Papa. Seine Geschwister, bis zur allerkleinsten Schwester, standen schon zum Aufbruch bereit an der Gartenpforte. Und er selbst hätte doch beinahe nicht mehr daran gedacht, daß sein Bernard der Gemeinde Gäseckes und den benachbarten Dörfern und Flecken den Hirtenbrief seines Bischofs – vielleicht – schon angefangen habe – vorzulesen. In die unmodernen Buchsenbeine seines Neffen Oskars stieg er irrtümlich in der Eile und wieder ging's über die Rutschbahn des Treppengeländers, verflucht und zugenäht!! Im Galopp per pedes zum katholischen Marktplatz. Gerade trat sein großer Freund aus der kleinen, alten Kirchentür, verharrte sinnend auf der obersten Stufe der grauen, morschen Steintreppe, in der Hand das kostbare Schreiben des hohen Hirten an seine Schafe. Er schwang die gewichtige Rolle mit besonderer Wucht über die Köpfe seiner Herde, die sich auf sein Geheiß versammelte, schon im Frühgeläute. Mein kleiner Papa angerast, bemerkte seine Eltern Hand in Hand bange lauschend hinter einer der Obstbuden, die schon aufgestellt wurden immer den Tag vorher für den Mittwochmarkt. Der Vater trug seinen grauen Bratenrock und die noch hellgrauere Samtweste und sein braungestreiftes Sabbattuch um den hohen Kragen gebunden; und den vornehmen grauen Zylinder hatte er sich aufgesetzt und die Mutter sich ihren Samtüberwurf angezogen mit den langen Fransen. Noch bevor Bernard die Predigt aufrollte, blitzte es auf einmal aus der dunklen, kalten Novemberwolke so unheimlich und unerwartet – selbst der Gendarm fürchtete sich; und der Herr Pfarrer deutete den erschrockenen abergläubigen Leuten das Naturereignis, wie der Bruder Julius später erklärte, »gradezu monumental!« Niemand der Versammelten zweifelte, daß der Himmel sich mit Seiner Gnaden dem Bischof verbündet habe und aus dem Munde des hohen Hirten spreche. Arthur und seine Freunde hatten zwar verstanden, daß der Bischof aus dem Munde des Himmels zu seinen Schafen geredet habe und sie ermahnte mit einem Donnerschlag: »Ich grüße Euch mit sorgendem Herzen im Namen Jesu Christo, meine irregeleiteten, vom Wege geratenen Schafe und ermahne Euch, Vernunft anzunehmen und nicht weiter zu beharren in Eurer Sünde Aberglauben. – Noch ist es Zeit,« las Bernard und blickte über die vielen Köpfe; »noch ist es Zeit zur Reue und Buße, meine armen Kinder, um deren Seelenheil Ich – schreibt der Bischof – unablässig schwerste Sorge und Verantwortung im Herzen trage. Wehe Euch, im Namen Jesu Christo Eure böse Lust zu stillen am Feuertode an Schwestern unseres lieben, seligmachenden katholischen Glaubens noch an Schwestern aus dem alten Hause Israels. Vergesset nicht in Eurem schwarzen Hasse, daß unser Heiland Jesus Christus selbst ein Jude war, dem Blute Davids entsprossen. Mit tausend Zungen werde ich dem Himmel jedes Frevlers Sünde verkünden und seine Seele brate bis zum jüngsten Tag!! Darum kehret in Euch, Ihr schwarzgewordenen Schafe. Lasset ab! Lasset ab! Zum dritten Mal: Lasset ab von der Sünde um Jesu Christo willen, unserem Herren! ... Et vos igitur nunc quidem tristitiam habetis, iterum autem videbo vos, et gaudebit cor vestrum: et gaudium vestrum nemo tollet a vobis. So habt Ihr jetzt zwar Trauer, aber ich werde Euch wiedersehen, Euer Herz wird sich freuen ... und Eure Freude nimmt niemand von Euch.«

Und schon blitzte es wieder, so hell von allen Seiten, bis der ganze katholische Kirchplatz in bengalischem Fegefeuer stand. Und die ermahnten bebenden Menschen sanken in ihre Kniee, auch Arthurs Mutter in ihrem weiten Reifrock. Nur der Vater stand aufrecht, aber er wischte sich die Schweißtropfen von der Stirn.

Auf den Wiesen blühten wieder die duftenden Märzveilchen; die Kinder pflückten die Lieblingsblumen ihres Vaters und stellten sie ihm in einem Glase auf seinen Schreibpult. Er pflegte seinen Söhnen und Töchtern, seitdem ihm der Allmächtige so gütig beigestanden hatte, des öfteren Kapitel aus der biblischen Geschich-

te vorzulesen. So schön und spannend wie der Großvater-Rabbuni zu erzählen verstand, dachte Arthur, kann der Vater es nicht. Dieses Jahr fiel auf den 28. März das Ostern der Juden; und in der Speisekammer, auch schon im Buffet lagen Pakete mit ungesäuertem Brot. Die liebe Mutter hatte ihrem Aronymus schon im voraus so einen schmackhaften runden Mehlkuchen mit Honig bestrichen, zum Knuspern heimlich am Morgen, mit auf den Schulweg gegeben. Seitdem stand er immer so etwas verlegen neben dem großen Speiseschrank und schielte abwechselnd auf die Mutter und auf die verschlossene Lade. Der Auszug der Kinder Israels aus Ägypten imponierte ihm gewaltig und er konnte den Abend vor dem Ostertag kaum erwarten. »Morgen ist Jüdisch-Ostern«, vertraute er seinen beiden kleinen Schulkameraden an. Die neckten ihn nicht mehr deswegen, da sie wußten, daß der geschiedene Pfarrer Bernard dieses Brot auch nicht verachtete.
Seine Gnaden der Bischof hatte den Neffen in Christo längst an den Dom von Paderborn gerufen. Und schon ein Jahr lebte der junge

Geistliche fern von Hexengäseckes blumigen Pfaden hinter allen Tierhecken, weißen und roten. Doch ein Handwerksbursche, ein gebürtiger Gäseckeianer, behauptete felsenfest, den Pfarrer in Rom im Sankt Petri gesehen zu haben. Neben dem Papst habe er gesessen und – Bernard würde sein Nachfolger werden. Aber der reiste mit seinem Bischof ein wenig durch die Städte und Dörfer Westfalens, die Gemeinden zu besuchen, Ämter zu verteilen und Anerkennungen, aber auch die Reichen zu ermahnen und – »Zeit wird es«, betonte der Bischof, »den Aberglauben endlich mit der Wurzel auszurotten.« Arthur Aronymus' Mama saß am hohen Bogenfenster und nähte Hemdchen und Höschen für ihre Kleinsten; flickte die vielen Löcher in den Hosen der Jungens, und im Korb neben ihr lagen unzählige buntgeringelte Strümpfe. Sie bemerkte zwei große Gestalten durch das Tor in den Garten schreiten; schon dämmerte der Vorabend des jubelnden Passahfestes. Die Kinder spielten noch mit den Jungens und Mädchen des Dorfes in ihrem großen Garten. Sie legten Reisig übereinander und fluchten und speiten aus wie die Fuhrleute Westfalens. Den Zaun entlang tanzte der kleine Arthur Aronymus mit Händen und Füßen wie die krank gewesene Schwester Dora. Er hatte sich in eines ihrer Kleider heimlich gesteckt und ihren Hut trug er mit dem Kleeblumenkranz und den langen Samtbändern. Der Bischof und sein junger Begleiter hielten sich hinter den grau gewordenen Herbsthaaren der Weide verborgen, beobachteten so das Spiel der Kinder. »Wie die Alten gesungen, so zwitschern die Jungen.« Der Oskar versicherte den Spielgefährten, sein Neffe, der Aronymus, verstehe am interessantesten die Hexe zu spielen. Er selbst trug eine Schnur um den Leib geschlungen und an der hing ein Kreuz aus Stengeln des Hagebuttenstrauchs gebogen; eine zerquetschte klebte noch am weichen Holz, ein Tropfen geronnenes Rosenblut. Und nachdem die Schar der Henker die »Dora« an die Brandstätte gezerrt hatten, tanzten sie um ihr Opfer einen Teufelsreigen: »Ine wine wink pank tink tank ose wose wacker dir eier weier weg!« Vorher aber hielt der finstere achtjährige Mönch der bösen Hexe sein großes Kreuz zum Kusse dar und geleitete nach der üblichen Weihe die Büßerin auf dem letzten Weg zum Scheiterhaufen. Ihn wirklich anzuzünden, traute sich keines der Kinder. Der heulenden Hexe aber, dem dampfenden Arthur Aronymus, wurde das Spiel – mit dem angeblichen Feuer – etwas zu heiß und er setzte mit einem kühnen Sprung über die Köpfe der schmähenden Spielgefährten und nun begann erst das richtige Vergnügen, los im Galopp über den Rasen, über die herbstlichen Beete mit einem Getöse der stampfenden, nägelbeschlagenen Kinderstiefeletten, daß die Katzen aus den Kellerlöchern gelaufen kamen. Ein Glück, daß der Herr Vater mit dem Herrn Apotheker im kleinen Bahnhofsraum saßen und Lotto spielten. »Vor dem Vater hat er große Angst,« flüsterte Bernard dem Bischof ins Ohr. »Aber Zeit wird es wahrlich, daß Euer Gnaden aufräumen werden.« Der war allerdings heute selbst Augenzeuge des grotesken Schauspiels in miniature gewesen. Und nur das ungestüme Lachen der unschuldigen Kinder hinderte Seine Gnaden, den Ernst des kindlichen Spieles zu erfassen. Solch einen Spaß wie heute hatte die Schar bisher noch nicht erlebt. Ihr junges Tausendlachen wirkte ansteckend und setzte das Zwerchfell des Bischofs in stürmische Bewegung. Sich am Arme Bernards festhaltend, trat der hohe geistliche Herr zwischen den Ästen des gottalten Baumes hervor. »Na, na, na, na, na, mein lieber gestrenger Sohn in Christo, Euer Bischof ist beileibe nie ein Lachverächter gewesen, darum verzeihet ihm, Eurem alten geistlichen Bruder, daß er mittut, zumal aus dem Herzen des Kindes des Lachens Quelle entspringt – und – wer weiß, wie bitter sie des öfteren – mündet.« Das war so recht sein Bischof, dachte Bernard und er hätte ihn am liebsten für seine weisen, jovialen Worte umarmt, aber »die Blagen«, wie man im Westfalenlande die Kinder zu nennen pflegt, mußte er seinem Bischof, dem größten Kinde, alle herbeiholen. Seine liebe Not hatte er, die temperamentvolle Hexe Dora einzufangen, seinen Wildfang von Freund, den kleinen Arthur Aronymus. Auf den Armen, lebendig aber, brachte er ihn Seiner Gnaden Lavater von

Westfalen. Schon watschelten die Mägde des Gutshauses, von Frau Schüler gesandt, herbei, zu spähen, wer die beeden verspäteten fremden Statüen seien, die bei Neit on Näbel seck in den Gutsgarten verirrt tu haben schienen? Und die Kinder schleppten sie einfach auf ihren Schultern aufgeladen wie Fuhren ins Haus. »Gebaden müssen die Ferkels werden, om schmuck teiltunähmen am hütigen Pesahowend.« Aber als die Mutter vernahm, der Herr Pfarrer sei gekommen mit seinem Bischof aus Paderborn, eilte sie wacker selbst aus dem Hause über die Kieswege, denn sie war noch schlank und wohlgebaut und behende. – Auf dem gestickten Vaterstuhl saß heute abend Seine Gnaden Lavater und neben ihm der liebe Bernard. Dann kam der strahlende Arthur Aronymus, dann kam Dora, sie schien anmutiger wie vor ihrer Mädchenkrankheit. Dann kam Berthold, der schwärmerische Jüngling. Dann kam Elischen; dann kam Julius; neben ihm saß Regine und neben Regine nahm ihr frischgebackener Bräutigam, Herr Provisor aus Elberfeld im Wuppertale, Platz. Anfänglich meckerten seine Eltern gegen seine Wahl, denn Engelhard entstammte einer lutherischen Muckerfamilie; und da Regine, ihres Vaters Lieblingstochter, die überhaupt für die Pharmazie ein Faible besaß, sich nun auch noch zu den Händen die Augen rot weinte, entschloß sich Herr Schüler dem jungen christlichen Freier eine Apotheke zu kaufen. Seitdem stand Tinchen im bekränzten Rahmen auf der Kommode ihrer zukünftigen Schwiegereltern. An der rechten Seite des Bräutigams saß heute das kleine Lenchen. Manchmal streifte des Bischofs Auge das zarte, stille Mädchen besonders zärtlich. Es erinnerte ihn an sein Schwesterlein Helene, der jetzigen Äbtissin des Klosters bei Schwelm. Dann kamen die beiden Meta. Sie saßen nebeneinandergeschmiegt, als ob sie zusammengewachsen seien und aus einem Herzen pochten; hatten beide braunes Lockenhaar und führten immer zu gleicher Zeit den Löffel oder die Gabel in den Kirschenmund. Und dann kam ... Judith, Johanna, Eugenie, Luise, Maierlein, die Grete, Elfriede und neben ihr die Titi. Von der Mutter so gerufen; und neben Titi: Albert, Edmund,

Alfons, Ludwig, Emmi, der Simeon, Hedwig, Paula und Eleonore, nach Bürgers Gedicht: Eleonore fuhr ums Morgenrot – benamet; und der leidende, liebe Alex saß wie immer neben seinem Vater im Krankenstuhl.

Dem gegenüber die Söhne seines spanischen Schulfreundes, der ermordet wurde vor einigen Jahren in Zaragossa in der Synagoge im Gebet. – Der Oskar ließ keinen Blick von Bernard seinem Bischof; dem kleinen Onkel Arthur Aronymus war das geradezu – unangenehm! Daß dieses verkleidete, fanatische Knäblein in der Kutte einmal vom herzlieben Freund, dem getauften Kardinal Paulus Kassel, getauft werden könne, der weiland empfing die heilige Taufe vom getauften heiligen Franziskanermönch Paulus Kassel, kam seiner Gnaden nicht im entferntesten in den Sinn. – Der vermißte Max trat plötzlich mit eingezogenem Podex in den weiten Eßraum. Geweint hatte er. Denn den mit Mühe gezeichneten Kalbskopf im Sand hatten die Kinder beim Spielen verrammelt. Der Vater steckte ihm einen Louisdor in die kleine Hosentasche. Sympathisch berührte es Seine

Gnaden, daß die Ärmsten der jüdischen Gemeinde, sieben Israeliten, geladen waren, am Ostermahle teilzunehmen; und Vater Schüler und seine liebreiche Gattin in taktvollster Weise sich gerade um diese Gäste zu bemühen schienen. »Hier unser lieber, verehrter Gast und Osterbruder: Perlmutter. Er fehlte nie an diesem Abend an unserem Tische. Und jener, mein Freund,« der Vater zeigte auf den Hausierer, den Arthur und Willi und Kaspar noch vor einem Jahr zu verspotten pflegten, »mein lieber Freund«, wiederholte der Vater, »Lämmle Zilinsky aus Lemberg.« Der blickte verstört an seinem Kaftan auf und nieder. »Und jene wissensbedürftigen beiden Brüder, Siegfried Ostermorgen und Alexander Ostermorgen, bitten um Eurer Gnade Fürsprache beim Rektor in Paderborn.« Der greise Nachtwächter, der sich heute schon um Mittag erhoben hatte, suchte gewohnheitsgemäß nach seinem Horn, aber der Vater, der das bemerkte, legte seinen Arm um seine schmalen Schultern und meinte, zum Bischof sich neigend: »Dieser nimmermüde Schutzpatron von Gäsecke hat viel gewacht und sich darum tief versenken können in das Wort des Herrn.« – Dasselbe hätte Großvater-Rabbuni sagen können – und Arthur haßte im Augenblick unbegreiflich seinen gewandten Papa. – Und nun kam der geschwätzige Handwerksbursche an die Reihe. Als seinen Schulfreund stellte ihn der Vater dem hohen geistlichen Gast vor: »Nathanael Brennessel, unser unermüdlicher Wanderer«. Heiliger Strohsack, dachte Aronymus und streckte heimlich der erschrockenen, abwehrenden Dora, die seit kurzem gern »erwachsen« spielte, die Zungenspitze heraus, denn Brennessel hatte ja – den Bernard auf dem Papststuhl sitzen sehen.

Neben dem flotten Wanderer lächelte mit weit aufgetanen Augen: »Josefje«, des ältesten Perlmutter: Sohn. Der konnte Träume deuten wie Josef von Ägypten ... Endlich – brachte Christine die dampfende Ostersuppe mit den »lekkeren Klöskens« auf den Tisch und die Eltern bemerkten mit Freuden, daß ihr fürstlicher Gast kein Kostverächter war. Und ihm auch das ungesäuerte Brot, im Tropfen Mosel getaucht, vorzüglich mundete. Er bat seinen verehrten Gastgeber, *genau* wie an jedem vorangegangenen Osterabend die Zeremonie einzuhalten, nicht etwa zu kürzen; er käme sich sonst wie ein Eindringling vor und er fühle sich doch wie zu Hause. Und in der Zeit, in der der Vater und der Bischof über die Worte der Thora diskutierten, die geschrieben wurde mit Blitz und Donner von Gottselbst in Harfenschrift, zeigte Arthur Aronymus, glückselig, seinen heimgekehrten Freund wieder bei sich zu haben, ihm den neuen Turm im Spielzimmer, den er aus tausend Klötzen und bunten Steinen erbaut hatte. Er wollte doch gerade wieder fluchen, aber Bernard merkte es noch frühzeitig und Aronymus schluckte den kleinen zischenden Teufel mit Haut und Haaren herunter. »Und gehalten wird das Gesetz«, erklärte gerade der Vater, als Bernard, mit meinem kleinen Papa an der Hand, wieder in die große Eßstube eintrat, »sorglich wie ein Kind im samtnen Tragkleid und Schellengeschmeide ...« Seine Gnaden bejahten aufmerksam jedes Wort des klugen Herrn Vaters, meines Vaters Vaters, mit wohlwollender Geste und beide Herren kamen darüber ein, »mit einem bißchen Liebe geht's schon, daß Jude und Christ ihr Brot gemeinsam in Eintracht brechen« – »noch wenn es ungesäuert gereicht wird«, vollendete artig die Mutter meines nun auch schon in Gott ruhenden Vaters: Arthur Aronymus.

Bibliothek Suhrkamp

Verzeichnis der letzten Nummern

969 Tschingis Aitmatow, Der weiße Dampfer
970 Christine Lavant, Gedichte
971 Catherine Colomb, Tagundnachtgleiche
972 Robert Walser, Der Räuber
973 Franz Rosenzweig, Der Stern der Erlösung
974 Jan Józef Szczepański, Ikarus
975 Melchior Vischer, Sekunde durch Hirn/Der Hase
976 Juan Carlos Onetti, Grab einer Namenlosen
978 Jürgen Becker, Felder
979 E. M. Cioran, Von Tränen und von Heiligen
980 Olof Lagercrantz, Die Kunst des Lesens und des Schreibens
981 Hermann Hesse, Unterm Rad
982 T. S. Eliot, Über Dichtung und Dichter
983 Anna Achmatowa, Gedichte
984 Hans Mayer, Ansichten von Deutschland
985 Marguerite Yourcenar, Orientalische Erzählungen
986 Robert Walser, Poetenleben
987 René Crevel, Der schwierige Tod
988 Scholem Alejchem, Eine Hochzeit ohne Musikanten
989 Erica Pedretti, Valerie
990 Samuel Joseph Agnon, Der Verstoßene
991 Janet Frame, Wenn Eulen schrein
992 Paul Valéry, Gedichte
993 Viktor Šklovskij, Dritte Fabrik
994 Yakub Kadri, Der Fremdling
995 Patrick Modiano, Eine Jugend
997 Thomas Bernhard, Heldenplatz
998 Hans Blumenberg, Matthäuspassion
999 Julio Cortázar, Der Verfolger
1000 Samuel Beckett, Mehr Prügel als Flügel
1001 Peter Handke, Die Wiederholung
1002 Else-Lasker-Schüler, Arthur Aronymus
1003 Heimito von Doderer, Die erleuchteten Fenster
1004 Hans-Georg Gadamer, Das Erbe Europas
1005 Hans Jonas, Das Prinzip Verantwortung
1006 Marguerite Duras, Aurelia Steiner
1007 Juan Carlos Onetti, Der Schacht
1008 E. M. Cioran, Auf den Gipfeln der Verzweiflung
1009 Marina Zwetajewa, Ein gefangener Geist
1010 Christine Lavant, Das Kind
1011 Alexandros Papadiamantis, Die Mörderin
1012 Hermann Broch, Die Schuldlosen
1013 Benito Pérez Galdós, Tristana
1014 Conrad Aiken, Fremder Mond
1015 Max Frisch, Tagebuch 1966–1971
1016 Catherine Colomb, Zeit der Engel
1017 Georges Dumézil, Der schwarze Mönch in Varennes
1018 Peter Huchel, Gedichte
1019 Gesualdo Bufalino, Das Pesthaus
1020 Konstantinos Kavafis, Um zu bleiben

Bibliothek Suhrkamp

Alphabetisches Verzeichnis